ある日、
うちの子が
学校に行かなく
なったら

復学カウンセラー
鈴木あや

はじめに

ある日、うちの子が学校に行かなくなったら――。

それは、わたしにとって、何の前触れもなく突然起こった出来事でした。しばらく休めば行けるようになるだろうと思ったら、期待した通りにはなりませんでした。

わたしも夫も必死で、手あたりしだい不登校に関する本を読みあさりました。人づてに聞いた「その道の専門家」にも会いにいきました。


「お母さん、お子さんを充電させてください」

「お母さん、もっと子どもを遊ばせてあげてください」

「お母さん、お子さんを、もっと外へ遊びに連れていってあげてください」

「お母さん、もっとこうしてあげてください」

「お母さん、もっともっと……」って。

こうすれば学校に行くと教わったこと、聞き知ったことはすべてやってみました。

「いつになったら学校に行けるようになるんだろう」

〝出口〟のないトンネルの中に入ってしまったかのような気がしました。

しかし、子どもも、わたしたち家族全員このままではいいわけがない！

母親であるわたしが、この子をなんとかしなくっちゃ‼　と思いました。

あっちこっちの壁にぶつかって、ようやくわかったこと、それは、

「変えられるのは自分だけ。

わが子といえども、人格を持った一人の人間。

人は他人を変えることはできないし、してはいけないのだ」

ということでした。

親になる！
ちがう方向
ダッ
正しい方向
ちがいますよ!!

「わたしが、この子をなんとかしなくっちゃ」という思いが、子どもが「自分と向き合い、成長する」チャンスを逸する要因であること、さらには問題をこじらせてしまっている大きな要因の一つだ、ということに気づきました。


先に結論を言いましょう。

不登校の解決策はとてもシンプルです。

親が変われば、子どもが変わります。

親は親であればいい、親になればいいのです。


ただし、わたしの言う「親になる」というのは、ちょっと変わっています。

不登校に関する本に書いてあること、みなさんの中にある「親のイメージ」とは違うと最初は感じる方もいらっしゃいます。


かく言うわたし自身、「親になる」ことを学んでいく過程で、いろんな葛藤がありました。

それは、北に向かって全力で走っていたところ、「南に向かってダッシュする」ようなもの。母親が一人で乗り越えられるようなことではなかった。

だからこそ、わたしはわが子が不登校を克服したときに、お子さんの不登校で悩んでいる親御さんの力になりたいと思いました。

また、そう思ったのは、親が変わること、つまり「親になる」ことによって、おのずと子どもが成長していく、その手ごたえがあったからでもありました。

*

今、わたしは小中学生の復学カウンセラーをしています。

不登校のお子さんを持つ親御さん、とくに、お母さんに最初にお願いするのは、どうか、ご自分を責めないでください、ということです。

「自分が悪い」という考えは、現実に沿ったものの見方ではありません。

親が変わる
子どもも
成長する

そして、もう一つお願いしたいことは「信じる」ということです。

お子さんも、そして親御さんご自身も、いま直面している問題は必ず乗り越えられると信じてください。

真っ暗なトンネルの中にいるような気持ちで日々を過ごしている方もいらっしゃることでしょう。

でも、〝出口〟のないトンネルはありません。


これから、お子さんの不登校を克服したお母さんたちの体験をご紹介しながら「どの方向に進めばトンネルを抜け出せるのか」をお示ししていきます。

克服したお母さんたちの声は〝出口〟を見失った親御さんたちへのエールでもあります。

あなたはひとりぼっちではない、ということが伝わったら、とても、うれしいです。

復学カウンセラー　鈴木あや

目次

承

転

おわりに

起

母親からの相談

「なんで、うちの子だけが…」

不登校は誰にでも起こる可能性があります

復学支援を通じて、いろんなお子さんとそのご家族と関わりながら、わたしの中で確信が深まっていったことがあります。

それは、「不登校は誰にでも起こる可能性がある」ということです。


しかし、たいていの親御さんは、わが子の不登校がはじまったときに、

「うちの子だけが、なぜ!!」

と思ってしまいます。それは、なぜなのでしょうか。

わたしは思うのです。それは、不登校への誤解や偏見が社会にある、ということの現れでもあるだろう、と。

事実、ご相談に来られた親御さんたちの多くが、「周囲の理解が得られない」ことによるさまざまな問題、そして、孤独感を抱えています。


かつてのわたしもそうであったように、多くの親御さんたちは、不登校の実情を十分に理解していない人たちから、「親の愛情不足で、子どもがなかなか学校に行かないんだ」「親のしつけが悪いんだ」という目で見られてしまう。

それを避けようと「買い物は、車で遠くのスーパーまで」とおっしゃる親御さんもいらっしゃいます。


子どもが学校に行かなくなる原因は、子どもによって違いますし、「原因はこれ一つだけ」とは言いきれません。「親が悪い」というわけではありませんし、「子どもが悪い」というわけでもないのです。

むしろ、不登校の実情をよく知らないまま「これが悪い」と決めつけることによって、問題解決を難しくしているような気がしてなりません。

「反抗期」と思って放っておいたら…

いじめ、先生の暴言、人間関係のつまずき等々、子どもが学校に行かなくなる〝きっかけ〟にはいろいろあるのですが、とくにこれといった〝きっかけ〟が見当たらないケースも少なくありません。


Aさん（東京都）の息子さんもそうでした。

息子さんは中学二年生。六～七月は五日ほど学校を休み、二学期の始業式の翌日から完全不登校となりました。

〝きっかけ〟は、これと言ったものがなく、ケガやクラス替え、部活の三年生の引退、勉強のことで息子さんはプレッシャーを感じていたようです。

それが積み重なって、ある日、パン!! とまるで風船が割れたような感じになった、とのことでした。

最初のご相談の際、Aさんは息子さんのことを次のようにおっしゃっていました。

*

うちの息子は、中一の終わり頃から夜更かしが増えました。

わが家では、ゲームをする時間が決められていたのですが、息子はその決まりを破り、勉強そっちのけで、夜遅くまでゲームをするようになったのです。

勉強はどうなったのかとたずねると、息子は「口出しするな」と怒ります。

わたしは反抗期だと思って、放っておいたのですが……。

それ以降、息子の生活はどんどん乱れ、遅刻や忘れ物が増えていきました。

そして、息子は学校で注意されるようになりました。注意されると息子は家で荒れ、ますますゲームに没頭するようになりました。

わたしが早く寝るように注意すると、

「どうせ、いつ寝ても起きられないから、何時に寝ようが関係ない」

と、息子は言います。


朝、起きられない、ということは、もしかしたら、起立性調節障害かもしれない。

わたしはそう思って、息子を病院に連れていき、検査を受けさせました。

結果は「陰性」でした。

朝 起きられない
頭痛
体がだるい…
起立性調節障害!?

起立性
調節障害？
ぐうぐう

朝起きられないのは起立性調節障害が原因と思ったら…

Aさんのお話の中に出てきた「起立性調節障害」について、少しお話をさせていただきましょう。

起立性調節障害とは、自律神経の働きが不安定なために、立ち上がったときに血圧が下がったり、心拍数が上がりすぎたり、調節に時間がかかるといったトラブルが起きてくる病気です。

たちくらみや失神、朝起きられない、倦怠感、動悸、頭痛などの症状をともなうことが知られています。

しかし、「朝、起きられない」「体がだるい」「頭痛がする」からといって、起立性調節障害だと決めつけることはできませんし、起立性調節障害が不登校の直接の原因なのではありません。

また、これまでわたしが関わった子どもたちの中には、起立性調節障害と診断されていても、規則正しい生活を習慣づけるなどして再び学校に行けるようになった子どもたちがいるのです。

Aさんの息子さんの場合、起立性調節障害は「陰性」で、朝、起きられなかったのは、夜更かしが原因でした。毎晩、遅くまで起きているわけですから、朝、起きられないのは当然です。

その一方で、息子さんは部活には参加しています。夏休み中に、彼が部活を休んだのはたったの二日。理由は「夏休みの宿題が終わらないから」でした。

何を言いたいのかというと、不登校の子どもの一面だけを見て、ジャッジしないでほしいのです。

いろいろな側面を見ていくと、Aさんの息子さんは「変わった子」というよりも、むしろ、ふつうの中学生です。

そして、とても素直で、親にとっての〝いい子〟なのです。

布団をかぶり、「オレだけ行けない」と泣いたわが子

夏休みが明けてからの息子さんの様子について、Aさんは、次のようにおっしゃいました。

*

二学期の始業式の翌日から、息子は欠席をするようになったのですが。

息子は部活の練習や試合、グループ行動をともなう「実地学習」には参加するのです。ふだんの授業があるときに学校に行けないのです。

学校について聞こうとすると、息子は布団をかぶってしまったっきり、部屋に閉じこもって返事もしませんし、何も話しません。

時間が経てば経つほど、息子が自信を無くし、乗り越える壁が厚くなっていくように感じます。

この前は、朝、学校に行くかどうか聞いたら、布団の中で、「オレだけ行けない」と泣いていました。

それから、息子に学校のことを聞くのがつらくなりました。

また、早く学校に戻ったほうがいいと考え、ご相談した次第です。

＊

Aさんの息子さんのように、ふだんの授業があるときには学校に行けないが、イベント──運動会や遠足、文化祭など学校のイベント、部活や部活に関連する試合や発表会などのイベント──には参加する、そういう子どもたちが少なくありません。

このようなパターンは〝イベント屋さん〟と呼ばれています。

〝イベント屋さん〟のパターンにおちいった子どもたちを観察してみると、イベントに参加しているときは友だちとも仲よくふざけあったり、会話を楽しんだりと、ふつうに人と接することができるのです。

でも、ふだんの、授業があるときには「学校に行けないんだ」と言います。

このようにイベントにしか参加しない〝イベント屋さん〟とは違って、ふつうの授業があるときに学校に行くのだけれども、

「今日は苦手な体育があるから学校に行かない」

「今日は嫌いなあの先生の授業がある日だから行かない」

「頭が痛いから行かない」

「おなかが痛いから行かない」

等々を〝きっかけ〟に数日学校を休むパターンもあります。

一週間のうち二日学校に行って三日休む子もいます。

数日間はちゃんと行けてるなと思ったら一週間休む子もいます。

その子、その子で、登校のサイクルは異なりますが、いずれにしろ、途切れがちに登校するのです。あたかも、ぽつぽつとふる五月雨《さみだれ》のように。

イベント日なら
行けるよ
日常
遠足
イベント
家
運動会
発表会
学芸会
イベント
イベント屋さん

このようなパターンを〝五月雨登校〟と呼びます。
「ぽつぽつとでも学校に行くんだから、いいじゃないか」
「部活や行事に参加できるだけでもいいじゃないか」
〝五月雨登校〟や〝イベント屋さん〟を認める〝声〟が、子どもの周辺のそこかしこにあるでしょう。

その〝声〟は「まあ、そのうち学校に行くだろう」という期待感から出ているのでしょうが、その思いに現実がともなった、というケースは、わたしが知っている限り、非常にまれです。

むしろ、親御さんや学校の先生に「そのうちに」と期待されながら、その期待にこたえられなかった子どもたちを、わたしはたくさん見てきました。

そして、〝イベント屋さん〟から、あるいは〝五月雨登校〟から完全不登校に移行したお子さんの復学を支援させていただく中で、わたしがいつも感じることがあります。

それは、「完全不登校になる前に復学支援を開始できたら、本人も親御さんも、もっと楽に乗り越えられるのになあ」ということなんですね。

ぽつぽつなら
行ける!
行く日
休
休
行く日
休
休
行く日
休
休
行く日
休
五月雨
登校

完全不登校になったとしても、復学に向けた取り組みは早ければ早いほど、子どもはスムーズに再登校します。

わたしは急《せ》かしているのではありません。わたしが関わった子どもたちは、心のどこかに「学校に行きたい」という思いを持っているのです。

しかし、子どもたちの多くは自分の思いを抑え込むクセがあったり、自分の考えを言葉にするのが苦手だったりして、言えないのです。

Aさんの息子さんも、小さいころから引っ込み思案で、自分の気持ちを表現するのが得意なほうではありませんでした。

布団をかぶって「オレだけ行けない」と泣いた、というのは、彼にとって精いっぱいの表現だったのかもしれないのです。

「学校に行かない」のではなく、「行きたいけど行けない」

家の中では楽しそうにしているわが子

「エネルギーがたまるまで待ちましょう」

「愛情が満たされるまで好きなことをさせましょう」

このようなアドバイスを、スクールカウンセラーや心療内科のお医者さんから受け、それを信じて、わが子が再登校する日を待ち続ける親御さんたちから、わたしどものほうへお問い合わせをいただくことがあります。

そのとき、「わたしたちは、いつまで待ち続ければよいのでしょうか」という言葉を口にする親御さんたちもいらっしゃいます。

一年以上、不登校を続けていた中学二年生の男の子のお母さんのKさん（宮城県）も、「歯がゆい思いを抱いていた」と言います。

当初、息子さんが体調不良を訴えていたことから、Kさんは息子さんを内科へ連れていきました。

ところが、ここで大学病院の心療内科を紹介され、Kさん親子は、紹介された心療内科を受診します。しかし、息子さんは回復しなかったそうです。

その後の経過については、Kさんからいただいたお手紙の一部を次にご紹介させていただきます。

＊

スクールカウンセラーや臨床心理士の先生に相談してみたのですが、長男本人が面談を拒否。復学に向けての具体的なアドバイスは何もありませんでした。

わたしは昼夜逆転していた子どもの生活リズムを元に戻し、一緒に映画を観たり、外食をしたり、好きなマンガやゲームの話を聞いたりしました。（略）

子どもは学校に行かないだけで、家の中ではふつうに過ごしていました。

それでも、スクールカウンセラーや臨床心理士の先生は、「登校は本人次第」と言うだけで、親としては歯がゆい思いを抱いていました。

踊り場のような期間がしばらく続きました。

そして、ブログにめぐりあったのです。

最初は「一〇〇％復学」なんて怪しいと思ったのですが、ワラをもすがる思いで新幹線に飛び乗り、先生に会いに行きました。（略）

一度、自宅に戻り、先生の指導をお願いするかどうか検討したうえで、申し込みをしました。その際、先生から「一緒にがんばりましょう」と言っていただいたときは心強さと安心感で泣けてきました。
それから約二か月後、子どもは再登校・継続登校ができました。

子どもと楽しく遊べば、学校に行けるのか

学校に行かず、家の中で一人過ごす時間はとても長く感じるものです。ゲームも最初は楽しいかもしれませんが、やがて子どもの心は「やることがないからゲームをやるしかない」というむなしさでいっぱいになります。

親御さんのほうも、以前と変わってしまったわが子の姿を見るのはつらいものがあるでしょう。わたしも経験してきましたから、痛いほどわかります。

「何か楽しいことをすれば、うちの子、元気になるんじゃないかしら」

そんなことを考えて、お子さんをどこかに遊びに連れていったり、遊びのプランを立てる親御さんもいらっしゃるのではないでしょうか。

かく言うわたしも、子どもを遊びに連れていったことがあります。専門家の方から、「お子さんと遊んでください」「どこかへ連れて行ってあげてください」とアドバイスがあったからです。

遊んでいるとき、子どもはとても楽しそうでした。わたしは「この勢いで、学校に行けばなあ」と期待していたのですが。

やはり、子どもというのは、親の思った通りにはならないのです。

人生は自分自身が切り開いていくものですから、当然といえば当然ですね。

その瞬間は、子どもは楽しんでいた（または、楽しんでいるように見えた）としても、それと「学校に行く」ということとは別問題です。

もちろん、不登校の子どもも親御さんだって楽しい時間を持つべきだと、わたしは考えます。しかし、楽しい時間を過ごしたからといって、子どもが登校できるようになるわけではありません。

それよりも、その子の中にある自立心や「学校に行きたい」という気持ちを抑えつけて

よーし
学校行こう!
やだ

いる何かがあるのです。その何かを取り除いてあげることのほうが、より大切なのではないかと思うのです。

「お母さんと一緒なら、行ける」という言葉にまどわされてはいけません

お母さんが一緒じゃないと学校に行けなかったり、教室に入れなかったり、給食を食べられない、そういうパターンを〝母子登校〟といいます。

子どもは家に引きこもっているわけでもないし、不登校というわけでもない。ちゃんと学校には行けます。

ただ、「お母さんと一緒じゃなきゃ、学校に行かない」と、子どもが言うのです。

スクールカウンセラーや学校の先生からも、

「お母さん、お子さんと一緒に登校してください」

と言われている。

抑えつけている
原因
ぽい
ぽい
学校に
行きたい
気持ち

お母さんは、「わたしが行かなかったら」と思うと、一緒に登校せざるをえない。そういう状態です。

学校に行っているので、社会的にはさほど問題視されていないのですが、だからといって、軽視していいことでは絶対にありません。

朝から学校に付き添うだけでもたいへんな負担ですが、ワーキングマザーであれば仕事にも影響が出ます。フルに働けなくなり、収入減、失職することもあります。専業主婦の場合は家事が滞ってしまいます。

家の中でも、子どもはお母さんを頼りがちで、日常生活が子ども中心に回っていることが多いのです。

このような悩ましい状態を一年も二年も続けているお母さんたちから、わたしどものほうへ相談のメールがたくさん届いているのですが、正直、「一年も、二年も、悩み続けなくてはならないのは、なぜなんだろう」と思わずにはいられません。

と言いますのは、本来〝母子登校〟は比較的スムーズに復学できるのです。
お母さんが子どもと距離を取り、「お母さんは、もう一緒に行けないからね」と話せば、子どもは子どもなりに考え、自分一人で登校するようになります。

ところが、母子依存があるために、お母さんは子どもと距離を取ったり、自立をうながすことが「難しい」と感じがち。
さらには、スクールカウンセラーから「お母さん、一緒に行ってください」などと言われているので、お母さんは「一緒に行かなきゃならない」と思い込んでしまっています。
そのため、半月で解決できることに、一年も二年も悩み続けることになるのです。

けれど、母子依存によってこじれてしまった状態も、親御さんが子ども中心のライフスタイルをやめると、支援している側のわたしたちもびっくりするぐらい、あっさりと状況が好転するのです。

つい最近、わたしがたずさわった親子も、そうでした。

娘さんはお母さんのことを大好きすぎるのでしょう、お母さん以外の人を拒絶するようなところがあり、わたしは内心、長期戦を覚悟したのです。

ところが、お母さんが今までとは違う「親の対応」を心がけるようになると、娘さんの中で眠っていた自立心が芽生え、今では元気に毎日、一人で学校に通っているそうです。家庭の中でも「自分のことは自分でする」ということが当たり前のようにできるようになり、お母さんから「まるで別人のようです」とうれしい報告をいただいています。

「このままではいけない」とわかってる
でも、どうしたらいいのかが、わからない

親御さんから、次のような質問をいただくことがあります。

「わたしの愛情が足りなくて、学校に行けないのでしょうか」

わたしが復学支援をしている中で出会った子どもたちを見るかぎりにおいては、そのような心配はいりません。

むしろ逆に、親御さんの愛情がありすぎる、と言ってもよいでしょう（この後の章で詳

しくお話しします）。

読者のみなさんは驚かれるかもしれませんが、わたしが出会った子どもたちの多くは、こう言うのです。

「学校に行きたいけど行けない」

「学校に行かなければならないことはわかっているけれど、どうしたらいいのかわからない」

休んでいる間にも席替えやクラス替えなどはありますし、授業もどんどん進みます。また、学校に行けば、その時々で教室で流行っていることや話題のニュースなど、知ろうとしなくても見たり聞いたりできますが、ずっと家にいればわからない。

子どもといえども、不登校の期間が長くなると再登校のハードルが高くなる、ということに気づかないわけではありません。

学校に行っても、みんなの話についていけないのではないか、クラスメートたちとうまくやっていけるだろうか、勉強は遅れてもう追いつけないんじゃないか、心の中は不安でいっぱいです。

本心では「このままではいけない」「この状態から抜け出したい」と思っているのに、一歩も足が出ない自分に腹が立つ、情けない。

そのように自分自身を責めている子どもも少なくないのです。

もちろん、子どもにも試練を乗り越える力は備わっています。子どもが持つ可能性を、親が信じることはとても大切なことです。

ただ、一人の人間の力には限界があります。

子どもに自分が乗り越えるべき課題と向き合うように促し、解決する方法を一緒に考えてくれる存在。

「あなたなら大丈夫。このことは乗り越えられると信じているよ」

と、子どもの背中を押してくれる存在。

愛情
足りない？

そして、子どもが失敗したり、悩んだりしながら、自分の人生を歩いている姿を、そっと見守ってくれる存在。

そういう存在が、子どもには必要なのです。

ほんとうに信じていますか？

子どもが体を張って教えてくれること

今の時代は物があふれ、情報があふれ、そして、わたしたちの暮らしはわたしたちが思っている以上に豊かです。

雨露しのげる家があり、夜は環境の整った部屋で、命をねらわれる心配もなく安心して眠れます。

食べたいときに食べたいものを好きなだけ食べられます。

水道の蛇口をひねればキレイな水が出て、キレイな水で入浴ができる。

ほとんどの人は、それを「当たり前」と思って暮らしています。

それらが実は「ありがたいこと」だったと気づくのは、その「当たり前」が目の前から消えたときではないでしょうか。


わたしも、わが子の不登校によって得たものがたくさんありました。


子どもが病気をせず学校に通えること。

あそびに来てくれる友だちの存在。

学校で子どもにいろんなことを教えてくださる先生。

毎日ごはんを食べられること、ふつうのおにぎり一個でも「あぁ、おいしいなあ」としみじみ感じられる、しあわせ。

そのどれもが、当たり前ではなかったと気づいたのです。


自分は親として当然のことをしているつもりが、実はそうではなかったことに気づき、自分の生き方を見直す機会を得ることもできました。

子どもが不登校にならなければ、「親は、いかにしてあるべきか」を学ぶことはもちろん、考えることすらなかったかもしれません。


だから、わたしは子どもの不登校で悩む親御さんに伝えたいのです。


このことはいつか必ず〝いいこと〟に変わります、と。

親御さん自身が「親は、いかにしてあるべきか」を学び、成長するよう、お子さんは体を張ってサインを出しているんです、と。

「病気のせいで不登校になった」って、ほんとうですか？

わたしが関わってきた親御さんの多くは、子どもに愛情をたっぷり注いでこられた方たちです。

ただ、親御さんのお話をうかがっていると「情報に振り回されすぎなのではないかな？」

いいこと!
いいこと!
いいこと!
パタタタタ…
不
不登校
登校
いつか必ず
いいことに変わる!

と感じる瞬間が多々あります。

たとえば、「うちの子はこういう病気だから不登校なんです」とか、「うちの子は適応障害なんです」「発達障害だから不登校なんです」などと、おっしゃるときがそうです。

授業中の態度などについて、ちょっとうまくいかないことがあり、それを理由にして学校の先生が「発達障害ではないか」と疑い、病院を受診するように勧めたり、特別支援教室に行くように促されました——というお話を、わたしどもにお問い合わせくださった親御さんたちからうかがうことも少なくありません。

そのようなお話を聞いていると、学校の先生たちもちょっと過敏になっているように感じます。

と言いますのは、わたしは、発達障害を疑われたり、診断された子どもたちに直接、指導することがあるのですが、人としてやっていいことと悪いことを教えると、子どもたちはちゃんと理解するし、ちゃんとやれるのです。

また、「うちの子は何もできない子」と思ってしまっている親御さんの考え方や子どもへの対応を変えていくことによって、子どもの自立心が芽生え、自ら計画や目標を立て、それに向かって努力することを覚えます。

自分が周りにどのような働きかけをすると、どんな反応が返ってくるのか、子どもなりに「学ぼう」という姿勢も表れてきます。

発達障害と診断された子どもであっても、問題行動が無くなって友だちとの関係もうまくいくようになり、意欲的に元気に学校に行くようになるのです。

このように子どもたちが成長していく過程をわたしたちは見てきています。

もう一度、冷静に、現実をありのままに見てみてください。

「うちの子どもは発達障害があるんです。だから学校に行けないんです」

その考えは現実に沿ったものの見方なのかどうか。

そして、ほんとうは、自分でできることがいろいろあるのに、親から「この子はできない」と決めつけられた、そんな子どもの気持ちを少し想像してみてほしいのです。

「ふつうじゃない」と決めつけられた、子どもの気持ち

中学三年生の男の子で、Ｂくんという子がいます。

彼は現在、元気に学校に通っていますが、以前は不登校でした。


お母さんの話によると、彼は夜更かしして、朝、起きられない。

お風呂にも入らず、髪の毛も伸び放題。

そして、お母さんとは一切、口をきかないし、お母さんが作った食事には手をつけない、とのことでした。

さらに、Ｂくんは発達障害をはじめとする、さまざまな障害を持っているとのこと。

「こんな状態でも復学はできるのでしょうか。

ほかの子どもたちと同じように学生生活が送れるのでしょうか」

お母さんからこのようなお問い合わせをいただいて、わたしはＢくんの指導をお受けしました。

ふつうの男の子だ
ピコ
ピコ

ところが、目の前にいるBくんを見たときに、わたしは驚きました。

実物のBくんは、お母さんから聞いていた話とは違っていたからです。

「この子の、どこに障害があるんだろうか」

わたしなりに探してみたのですが、どう見ても、「ふつうの中学生」でした。

（注・後日、他のスタッフがBくんの家を訪問し、Bくんへの指導をさせていただいたのですが、スタッフたちも「Bくんはゲーム好きな、ふつうの男の子でした」と報告しています）

ただ、Bくんは、誰にも言えない葛藤を抱え、苦しんでいました。

わたしが「こんな生活、続けてていいの？」とたずねたときのことです。

Bくんははっきり「イヤだ」と言い、自分の胸の内を語りだしたのです。

学区外の学校（特別支援学級がある学校）に行けとお母さんに言われて通っていたけれど、自分はほんとうは学区内の学校に行きたかった。

お母さんは「こうしなさい」「ああしなさい」といちいちうるさくて、自分のやりたいことをさせてくれない。

自分は自分でできることがたくさんあるのに、お母さんが「障害者だ」と決めつけた、それがゆるせない――。

おいおい泣きながら、ためこんできた思いを吐き出したBくん。

「お母さんと、いろいろあったと思うけど、水に流して、これから先の自分の人生を考えましょう。これからは、自分がやりたいことをやりなさい」

わたしの話を、彼は涙を流しながら黙って聞いていました。

それからのBくんは、周囲の人も目を見張るほど変わりました。

床屋に行って伸びほうだいにしていた髪を切り、朝もちゃんと自分で起きて朝食を食べ、ふたたび学校に通いだしました。

また、行きたい高校も見つけたようで、うちのスタッフとキャンパスの見学に行ったり、先日は「学校説明会に行ってきました」と報告がありました。

彼は今、自分の足で一歩ずつ自分の人生を歩いています。

行きたい
高校
自分の人生

承

根本的な問題は何か？

「親になる」って、間違いに気づくことだったんだ

わが子をよく見てアドバイスしているつもりが…

この章では、「子どもの不登校の根本的な問題は何か」というテーマで、お話させていただきます。

不登校の子どもの個性や不登校の〝きっかけ〟、学校での様子、家庭環境などは、個々のケースで異なります。

ただ、どんなケースでも、まず解決しなくてはならないことがあるのです。それは何か

というと、親御さんの対応と、それを左右する考え方です。

本題に入る前に、中学二年生の十二月から学校への〝行き渋り〟がはじまった女の子のお母さんのMさん（東京都）からいただいたメールをご紹介させていただきます。

＊

娘が中学二年生に進級し、新しいクラスがスタートして一か月経った頃、「クラスになじめない」と、娘が話してきました。

さらに、娘は、「朝の身支度のとき、制服を汚してしまった。周りのみんなに何か言われるかな？」「くさいとか、気にならない？」などと、自分の身なりのことも、しきりに気にするようになりました。

娘はたいがい、朝の忙しい時間に「大丈夫かな？」と聞いてきます。そのたびに、わたしは「大丈夫！」と答えていたのですが、いま思うと、当時のわたしは娘をちゃんと見て聞いてあげることができていませんでした。（略）

的
見守りかた
受け入れかた
えいえいっ

娘は中学二年生の初め頃からダイエットをしていました。

本人は「自分は太っている」と気にしていたようで、朝・昼は食事の量を減らし、夕食は食べない生活をしていました。また、運動も取り入れ、かなりストイックにダイエットをしていました。

わたしは娘の体調が心配で、「成長期の大事なときだから、食事はバランスよく食べてね。食べ過ぎないように気をつければ大丈夫だよ」とか、「ダイエットをしようと思ったきっかけは何？　もしかして、クラスの子から何か嫌なことを言われて、いじめられているとか？」などと娘に話し、何とか食べてもらおうと必死でした。

でも、娘はまったくわたしの話を聞き入れてくれませんでした。

わたしは、娘が自分で「無理をするといけない！」と気づくまで見守ろうと決めました。

十一月頃になると、娘から明るさが消え、見るからに疲れた顔、反抗的な発言も多くなりました。それでも娘はダイエットをやめませんでした。

十二月頃、娘から「最近、体調がおかしい」と打ち明けられました。

わたしは娘に「わかったよ！　とにかく少しずつ食べて病院で診てもらおう！」と提案したのですが……。

この辺りから、娘は学校へ行くことを渋るようになり、登校ができなくなりました。

学校の先生やスクールカウンセラーさんから、「ゆっくり心も身体も休ませてください」と提案があり、娘は病院でカウンセリングを受けながら家で過ごしていたのですが、娘の状態は改善しませんでした。

それどころか、日に日に、わたしに甘えるようになってきたのです。

わたしは「このままではいけない」と思いました。

そんなとき、知人から復学支援「ＧＯ　ＴＯＤＡＹ」の話を聞いたのです。

新型コロナ、学校の休校、どうなる？　わが子の復学

「GO　TODAY」のブログを見て、わたしは驚いてしまいました。

なぜなら、「復学率一〇〇%」と書いてあったからです。

さらに、「親が変われば子どもは変わる」とも書いてありました。この言葉を見たときに、わたしは自分の弱さや不安な気持ちが娘を迷わせていたのかも……と気づかされ、「今、向き合わないとダメだ」と思って、主人に話し、面談を受けることにしました。

面談では先生から、

「アドバイスを素直に受け入れ、お母さんに『変わろう！』という強い意思があれば、娘さんは学校に行けるようになります」

「お母さんの子育てが間違っていたわけではなく、娘さんには合わなかっただけ」などと、心強い言葉をかけてもらって、わたしは〝不安な毎日〟から救われるような気持ちになりました。（略）

三月三日から指導を受けはじめました。最初は、娘に対して、いままでとはまったく違う受け答えをすることに、わたしも必死でした。

娘に「お母さん、何で答えてくれないの！」「私のこと、嫌いになったの？」などと言われるたびに「親が変われば子どもは変わる」という言葉を思い出し、わたしは「絶対に負けない！」と自分自身に言い聞かせました。

そのうち新型コロナの感染が広がり、学校が休校になりました。

中学三年生になったというのに、うちの子も、他の子どもたちもみな、学校へ行けたり、行けなかったりする日々が続きました。

わたしは、「大丈夫！　みんなと一緒！」と自分に言い聞かせながら、「親の対応」の習得に一生懸命でした。

間違っていたことをやめる、それだけ

七月二十八日、娘は再登校しました。

娘がスタッフさんと学校に向かう準備をしている間、わたしは少し緊張しながら、娘の視界に入らないよう、じっと見守っていました。

いろいろなことを考えていると、玄関から「行ってきます!!」という娘の声が聞こえ、扉が閉まった瞬間、わたしの眼からとめどなく涙があふれ、すぐに先生方に感謝の気持ちを伝えました。

娘が再登校するまでの間、いろいろなことがありました。

わたしは娘に対する対応を間違え、先生方、スタッフさんにご迷惑をかけてしまったことが、いっぱいありました。

それでも、わたしが「親の対応」を習得するまで温かく見守っていただいたことが、本当に心強く、感謝の気持ちでいっぱいです。

おかげさまで娘は再登校してから毎日、休まず学校に向かっています。学校の課題も自分で考えながら取り組んでいます。

いままでのわたしは、娘のことを考えることなく、「親からの提案」をしたり、先々の心配をして手出し口出しをしていました。

しかし、指導を受けてから、娘を信じて見守る姿勢を学んだり、「子どもは失敗を通して学ぶことがいっぱいある」など、いろいろなことに気づかせていただきました。

これからも、先生に教えていただいたことを忘れず、娘を見守っていこうと思います。

いま直面している問題にいかに対応するか

「犯人捜し」より大切なこと

たいていの親御さんは不登校の原因を追求しようとします。

「なんで学校に行かないの？　何かあったの？」と子どもに聞いてみる。

学校の先生にも、教室内や部活で何があったのか問いただす。

そのように状況を把握するのは「親として当然」と言われれば、確かにその通りでしょう。

でも、単なる犯人捜しに終始するのは、あまり意味があることだとは思えません。

なぜなら、不登校の〝きっかけ〟は、本人にすらわからないことがある、ということが理由の一つです。

また、みなさんは、ころんで膝こぞうから血が出ているとき、「なぜ、血が出たのだろうか」なんて考えるでしょうか。

ほとんどの人は、すぐ傷口を洗って消毒しようとしたり、絆創膏《ばんそうこう》を貼ったり、傷の処置をするのではないでしょうか。子どもが不登校になったときもそれと同じです。「誰が悪いんだ」「誰のせいなんだ」と、犯人捜しをするよりも、優先すべきことがあるのです。


それは、親御さんが変わることです。


親御さんが変われば、おのずと子どもも変わってきます。

これは、不登校の子どもとその親御さんたちと関わってきた経験と、子どもの不登校を克服したわたし自身の経験、その両方から得た〝法則〟です。

「親が悪い」と責めているのではありません。

世の親は、みんな失敗をしながら「親として、自分はどうあるべきか」を学び、親になっていくものだと思います。

その過程で、子どもは親のありのままの姿を映しだす鏡のようなものです。

自分では親としてきちんと対応しているつもりでも、親としての意識や姿勢、子どもとの接し方に間違いがあれば、それは子どもに表れます。

子どもが考え、行動し、その結果わかったことを踏まえて再度チャレンジする。そのようにして自分の人生を謳歌できているかどうかを見ながら、わたしたちは親としてのあり方を学び、親として育つのです。

鏡は、自分を責めるためにあるのではありません。

それよりも、わたしたち親は、鏡を見てわが身を振り返り、「親はいかにしてあるべきか」を学ぶことが大切なのではないかと思います。

家庭内暴力と「親の対応」

子どもが不登校に加えて家庭内暴力をしている場合でも、そうでない場合でも、わたしが親御さんにお願いすることは同じです。

それは、「親の対応」をする、ということ、これが基本です。

(注・実際は、その子、その子が置かれている状況、一人ひとりの個性を踏まえ、その都度、適切な声がけをしたり、対応をするよう、アドバイスします)

この基本を踏まえながら、家庭内暴力がある場合に親御さんに気をつけていただきたいことをお伝えしましょう。

子どもの機嫌を損ねないよう気を使ったり、子どもの言いなりになってしまったり、子どもが暴力を振るうのを恐れて子どもの要求を飲んでしまう方もいらっしゃるのではないでしょうか。

あるいは、子育てが間違っていたと気づくまではよいのですが、子どもへの償いのつもりで必要以上に子どもに優しくしている方もいるでしょう。

これらのような対応をすると、子どもは一時的に暴れなくなったり、おとなしく素直になるかもしれません。しかし、自分の意見や要求が通らないと、子どもはまた暴れだします。

中には、暴れたり、暴力を振るったりしながらも、そのときの気分によってお母さんに抱きついてきたり、甘えたりする子どももいます。

くるくる変わる子どもの表情や言動にいちいち反応するのではなく、親は親として毅然としていることが大切です。

ただ、こうしたことを実践していくのは、口で言うほど簡単なことではありません。やはり、第三者からその子どもに合った具体的な対応について助言を得ながら、親御さんの意識、考え方が変わっていくことが大切なのだろうと思います。そして、「親の対応」をしていくことが大事です。

きらい
えーっ!!
やだーっ
ママ〜
親の対応
ふりまわされないわ!!

子どもが変わることばかり気にしているとなかなか変わらない

親が変われば、子どもが変わる、というお話は、わたしどもだけではなく、いろんな方がおっしゃっています。

ただし、親は、ただ変わればいい、というわけではありません。

自分では「いいふうに自分を変えよう」と思ってやろうとしていることが、実は逆効果になることだった、と気づいて「助かった」という親御さんも少なくありません。

たとえば、ご相談に来られた親御さんから、このようなご質問をいただくことがあります。

「子どもが学校に行くために、親は何をすればいいでしょうか」
「自分で自分のことができるよう、親はどういう声がけをすればよいのか」
「子どもの自立心を育てるノウハウを教えてください」

このような考えで子どもへの対応を変えることはお勧めできません。

いまの子どもたちはとても繊細です。とくに不登校の子どもたちは非常に敏感で、人の言動、ふるまいから、相手の真意を察知してしまいます。

親は自分をこういうふうに変えようとしてこういう対応をしているんだな、ということを、子どもはすぐに見抜いてしまいます。そうなると、子どもはさらに心を閉ざしてしまいかねないのです。

親御さんだって、自分の思い通りに他人をコントロールしようとする人のことは、あまり好きにはなれないでしょう？

それは子どもだって同じです。

子どもも、わたしたちと同じように、感じる心を持った人間なのです。

学校は、学力をつけるためだけではなく、友だちや先輩、後輩、先生と関わる中で自立と協調性、よき人間関係を築いていく力を育むなど、家庭の中ではなかなか体験できない学びを得ることができる場所です。

だから、親御さんが「この子を学校に行かせよう」と思う、その気持ちはわかります。親心なのですよね。

でも、「どうしたら、子どもは学校に行くだろう」「どうしたら子どもは変わってくれるだろう」というふうに、子どもが変わることばかり気にしていると、もっと大切なことを見落としてしまいます。

「もっと大切なこと」とは、親御さん自身が変わることです。

変える対象を、親自身ではなく、子どもにしてしまうと、親御さんは子どもの状態によって対応を変えてしまったり、迷ってしまいます。

その結果、状況が悪化してしまうことがあるのです。

そうならないためには、まず変える対象を親自身にすること。

親御さんが「わたしが変わる」という意識を持つことが大切なのです。

親が
変わる!!
お
や
パ
カッ

ふりまわされず、「親の対応」をつらぬく

人の心というものは、ころころ変わります。

不登校の子どもも、そうです。ころころ変わります。

「明日は学校に行く!!」と言っていたのに、翌朝、起きなかったりします。

昨日、言っていたことと、今日、言ってることが違う、なんてことは、珍しいことではありません。いたって、ふつうです。


また、子どもは「学校の先生が怖い」「友だちが嫌い」「勉強が嫌い」などと言うこともあるでしょうが、そういった好き嫌いの感情も、ちょっとした〝きっかけ〟で変わったりします。

わたしが関わった子どもたち、先生が怖くて学校を休んだ子も、友だちにからかわれて休んだ子も、勉強が嫌いで休んだ子も、自分がつまずいたことから何かを学び、復学しています。

変わるわー
ぽんっ
うーん
うーん
おや

子どもが自分の感情や思いを表現するたびに、親御さんは「どうしたんだろう」「大丈夫かしら」と気になるかもしれませんが、いちいち反応する必要はありません。というよりも、親はふりまわされてはいけないのです。

なぜなら、子どもの一時の感情や思いに、その都度、反応しているうちに、子どもの顔色をうかがうようになるからです。

親が子どもに〝一家の主《あるじ》〟に対してするような対応をしていては、子どもの自立心は育たず、社会性を身に付けることはできません。

これでは、子どもが再登校できたとしても、以前、自分がつまずいた〝石〟（問題）と同じような〝石〟につまずき、ふたたび不登校をすることになりかねません。

そのようなことを繰り返さないためには、親は子どもを〝一家の主〟にしないこと。何があっても、親は「親の対応」をつらぬくのです。

「親」ってなんだろう？

子どもが決めて、子どもが歩く、子どもの人生
頭ではわかっていたけれど、やっていたことは真逆

「子どもの不登校」というのは表立って見えることですが、ほんとうの問題は親と子の関係の不具合ではないかと、わたしは考えています。

つまり、「親は親、子どもは子どもの人生」という、わが子との距離の取り方がうまくいっていないだけなのです。

Yさん（埼玉県）と息子さんの場合もそうでした。

Yさんの息子さんは中学二年の六月頃から〝五月雨登校〟をはじめました。三学期には校外学習や部活の発表で二日ほど登校。中三に上がって始業式から三日間だけは登校したとのことで、お母さんであるYさんは、わたしどもの面談を受けにこられました。

面談の申し込みの際、Yさんはこのようにおっしゃっていました。

＊

息子は、中学二年生になったばかりの頃、大手進学塾に自分から「行きたい」と言いだし、早めの高校受験対策がはじまりました。

毎回出される大量の宿題、成績順クラス分けテストに追われ、夜中まで起きていることが多くなっていき、徹夜をするようにもなりました。

そうして朝、起きられなくなりました。

学校に遅刻したり、欠席することも増えていきました。


息子の生活リズムはめちゃくちゃに崩れ、夜はきちんと寝るようにわたしが言うと、それが余計な口出しだったのか、家で暴れるようになりました。

次第に、息子の生活は昼夜逆転し、学校はずっと欠席、勉強どころではありません。スマホでゲームをするだけの生活になっていました。


暴れるのが怖いのでそのままにしています。

中学には戻れるのか、高校へは行けるのか、わたしは心配で、精神的に行き詰まり、どこにも相談できず、涙ばかり出ます。

同じ経験をされて復学された方のブログから、こちらを知り、面談をお願いしたいとご連絡しました。

Yさんのおっしゃる通り、息子さんは自分から「進学塾に行く」と言ったのですが、息子さんのほんとうの気持ちは違うところにありました。

息子さんの言動は「親の喜ぶ顔が見たい」という思いから出てきているようでした。

そう、息子さんは自分のほんとうの気持ちを押し殺していたのです。

なぜ、そんなことをしたのでしょう。

それは、お母さんのYさんが、息子さんに失敗させまいと、先回りして手出し口出ししてしまっていたからです。

失敗するとわかっていても手出し、口出ししない自分になったら、ある日、息子が!!

いま、Yさんの息子さんは、自分の希望する音楽の学校に通い、学生生活を思う存分に、楽しんでいます。

現在に至るまでの体験談を、お母さんのYさんからいただきましたので、次にご紹介させていただきますね。

指導がはじまってからは、毎日、先生にその日の様子を聞いていただきました。そして、わたしの対応のどこが間違っているのか、具体的かつ的確に指摘してもらい、何をどうしたらいいのかを具体的に教えていただきました。

＊

そのような指導を受ける中で、わたしは気づいたのです。

わたしはまだ起きていないことを心配をし、子どもに失敗させまいと、先回りして、息子に手出し、口出しをしていたのです。

先生のおっしゃる通りに、子ども本人に任せ、失敗するとわかっていても黙ってわが子を見守っていくことは、わたしにとって、ほんとうに、ほんとうに、つらい修業でした。

指導開始から一か月たったある日、

「お母さんが変わらなかったら、指導しても意味がないです」

先生からそう言われたとき、わたしはがく然としました。（略）

期待
ゴール
学校
学校
学校
学校
学校
次は…
次はここ
次はここ
……

わたしは「変わらないと！」と必死でした。

それから何日かして、息子のほうから、

「安定して学校へ行きたい」

そう言ってきたのです。

わたしは、ほんとうに驚き、すぐに先生に報告をし、ご指導の通りに動きました。

お子さんによって、それぞれ事情があり、学校に戻ることは簡単ではないことは重々わかっています。

しかし、うちの場合は、わたしの「先回り」「心配症」をやめ、子どもとの距離を置くことで、結果的に本人の気持ちを引き出し、「学校に行きたい」と言葉を出すことができたのです。

先生は、息子の性格を見きわめ、やがて必ず自分から言い出すことを、最初から見越して指導してくださっていたのです。

ほんとうにすごい、これこそオーダーメイドなんだと思いました。

高校受験を迎えるまでの間、息子は、ほかのお子さんのように登校は安定した、というわけではありませんでした。

腹痛、肺炎、サボリ、ケガ、夜遅くに出て行ってしまう……などなど。

欠席もありました。

でも、あきらめず、毎日毎日、お電話で先生に話を聞いていただき、ご指導いただきました。

そして、わたしはご指導されたことを実行し、「待つ・聴く・見守る」を守りました。

すると、時間はかかりましたが、息子は自分が希望する高校を受験することを決め、それをわたしに話してくるようになったのです。

受験当日も、自分で準備して出かけていきました。

欠席日数が多く、息子は何回も落ちましたが、試験を受け続けました。

そして、最後の最後に、「絶対、受からない！」と言われていた第一志望の高校に合格することができたのです。

夢のような話です。学校の先生も驚いていらっしゃいました。（略）

今、息子は高校二年生になりました。

毎日、学校に行っています。

息子が何時に学校に行っているのか、いつ家に帰ってくるのか、試験はいつなのか、わたしはまったく知りませんが、昔のように心配はしていません。

本人にまかせて大丈夫！

失敗しても、それもいい！

心から、そう思えるようになりました。

三年前、泣いていたのがウソのように、今のわたしは毎日、笑っています。

先生に会わせていただいて、「GO TODAY」さんにお世話になって、ほんとうに感謝しております。

「子どもを心配するのは親の務め」と思っていませんか？

Yさん親子の話、それ以前の親子の体験談を読んで、読者のみなさんはどのようなことを感じたでしょうか。

どの親子も、個々に、いろんな事情を抱えているものの、特殊な親子だとはわたしには思えません。

その根っこにある問題は、わたしが関わった親御さん、もしかしたら、ほとんどの世の親に共通することなのではないか、そんな気がしてならないのです。

どういうことなのかというと、子どもが再登校した後、親御さんに、「子どもが不登校になる以前はどのような声がけや対応をしていたのか」をおたずねし、その回答を文章に書いていただくと、次にお示ししたような回答が出てきます。

「朝が弱い子なので、早く寝なさいと毎日、声をかけていました。

テスト範囲を押さえて、わたしが問題集にフセンをつけたりしていました。

子どもに拒否されてやめましたが。

会話は子どもに対するダメ出しが多かったと思います」（中二男子の母）

「子どもは、幼稚園の頃から朝のしたくはのんびり。

小学生になってもそれは変わらず、とくに五、六年生の頃は朝からわたしがゲキを飛ばしていました。

いつまで寝てるの！

さっさとやりなさい！

いまはそれをやる時間じゃないでしょう！

子どもに失敗させず、先回りして口うるさいことを言い続けていました」（中一女子の母）

「いつも子どもが失敗しないようにと過保護、過干渉、先回りの声かけばかりしていました。

よいしょ
よいしょ

早くしなさい！
○○はちゃんと持った？
宿題は早くやりなさい。

ゲームばかりしてないで早く寝なさい。

お風呂、入ったら？

書きだしたらキリがありません。

いま思い返しても、非常にうるさい母親だったと思います」（中一男子の母）

「こうして文章にしてみて思うことは、わたしは子どもの自立をうながすどころか、ダメにする親であったということです」（中一男子の母）

いかがでしたか？

復学した子どもたちを見ていると、わたしはつくづく思うのです。

「子どもは子ども、親は親」。

親は、子どものことにあまり口出し、手出しをしないほうがいいのだな、と。

親は「子どもが道を歩いている途中、石につまずいてケガをしないよう、石ころ一つ残さず、拾い集める」ようなことをしなくていいのです。

子どもたちは、親が口や手を出さなければ、自分でちゃんと考え行動します。事実、復学した子どもたちはみな、そうなのです。

たとえ失敗しても、子どもはその失敗から何かを学び、成長の糧にできる。そういう力を、子どもたちは持っているのです。

ところが、不登校の子どもを持つ親御さんのほとんどは、「子どもは子ども、親は親」という割り切った考え方が苦手です。

ある意味、子どもへの愛着が強すぎるのだと思います。

逆を言えば、親御さんのこの部分が変わることによって、子どもが変わる。そう言っても言い過ぎではないのです。

転

子どもの復学支援
なのに、
変わるのはわたし？

「不登校の子どもに寄り添う親」をやめてみたら…

相談しても、どこかにモヤモヤが残る

この章は、「親が変わると、子どもが変わる」がテーマです。

不登校を克服されたKさん（山梨県）親子の実話を軸に、「親はどのように変わればよいのか」「いかにして変わるのか」ということをお伝えしたいと思います。

Kさんの娘さんは、中二の十二月から学校に行けなくなりました。

「四月の進級のタイミングで娘を復学させたい」ということで、ご夫婦そろって、わた

しどものほうへ、ご相談にいらっしゃいました。

ちなみに不登校の〝きっかけ〟は、

①部活の先輩が引退し、自分がチームリーダーになったのだが、後輩が部品をなくしてしまった（そのことに対し本人は必要以上に責任を感じてしまった）

②仲のいい友だちは他のクラスにいて、自分のクラスにはいない

とのことでした。

さらに、お母さんの話によると、娘さんはクラスになじめず、一人でいることが多いとのことでしたが、しかし、いじめられたり、無視されるといったことはなかったそうです。

さみしさが積もりつもって行かなくなったのですが、本人はそのことをかたくなに否定します。

また、娘さんは自身の不登校を人に知られたくない気持ちが強く、知り合いやカウンセラーなどの介入を拒否していました。

面談の後、わたしのほうから、お母さんに「親と子の距離」「親の役割」などについてアドバイスさせていただきました。

そして、お母さんの娘さんへの対応が変わってきたところで、わたしは娘さんに対する指導を開始しました。

次にご紹介する、お母さんからのお手紙は、学校を行き渋るようになった頃の娘さんの様子からはじまっています。

*

娘は中学二年の秋頃から、学校を行き渋るようになりました。

「おなかが痛い」「今日は体育があるから嫌だ」など、いろいろと理由をつけては休もうとします。

最初のうちは、わたしも「車で送って行くから、体育が終わった頃に学校に行かない？」とか「午後から行こうか？」などと言い、学校に行かせようと必死でした。

けれど、それも、徐々に通用しなくなり、やがて娘は起き上がろうともしなくなっていきました。

理由を聞いても、「とにかく行きたくない」「学校が怖い」と言うと、口を開こうともせず、黙り込むだけ。

大好きだった部活にさえ、顔を出そうとしなくなっていきました。

誰かにいじめられているわけでもなく、仲のいい友だちだっているのに、なぜなんだろう？

そう思って、わたしはまず周りの友人、知り合いにも相談してみました。

「学校なんか行かなくたって、人生なんて、どうにでもなるわよ」
「あなたが優しすぎるんじゃない？　甘やかしているのよ」
「そんなに心配しなくても、そのうち行くようになるよ」

みんな、わたしを励ますつもり、よかれと思って言ってくれた言葉だということはわかっています。

声がけ

ただ、自分の子どもが不登校を経験していない人の言葉は、わたしの耳にはどこか無責任に聞こえました。

わたしから相談したにも関わらず、心のどこかにモヤモヤしたものを感じずにはいられませんでした。

日常生活の中で、親は何をすればいいのか

わたしは、ネットで不登校について検索し、本を取り寄せ、いろいろと調べはじめました。

「お子さんのエネルギーがたまったら動き出す」

「お子さんをほめてあげることで自信を取り戻す」

「不登校児は感受性が強くて、気が弱く、そのくせプライドが高い」

などといったことが書いてありました。

しかし、そのどれもが抽象的で、日常生活の中で家族は何をすればいいのか、どのような声がけをすればよいのか、具体的なことはほとんど書いてありませんでした。

娘の不登校に、親であるわたしはどうしたらいいのか、いろいろ考えても答えが見つからず、時間がどんどん過ぎていきました。

わたしは、中学校の周辺の道をなんとなく避けて通るようになりました。買い物帰りに、下校途中の中学生数人が楽しそうにしている姿を見たとき、その当たり前の光景があまりにもうらやましく、涙があふれて止まらなくなることもありました。

娘の不登校から四か月ほどたった頃、とある方のブログで、復学支援があることを知りました。

娘が布団から出てこなくても、親は口も手も出さない

ワラにもすがる思いで面談を申し込みました。

面談では、

「親が変われば、子どもも変わっていきます」

「毎日の生活の中で、具体的な方法を実践していけば、娘さんは必ず登校するようにな

ります」

と力強く言われ、気持ちが軽くなるのを感じました。（略）

主人は「このまま何もしないでいれば、娘は、オレたちが経験したように、学校で友だちと笑いあったり、部活でがんばったり、はげましあう、そんな思い出を作ることもなく、時間が過ぎていくだろう」

「娘の中学三年という時期は、いましかない」

「オレは自分たちが変わることで、娘が変わって学校に行くようになるなら、指導を申し込みたい」と言いました。

わたしも同感でしたので、申し込むことにしました。

指導を受け始めた頃のわたしは、正直、半信半疑でした。

友だちや学校の先生に会うことさえ怖がっていた娘が、このやり方で、ほんとうに登校するようになるのだろうか、不安でした。

なぜなら、指導してもらったそのやり方は、わたしたちがそれまで「子どものためによかれ」と思ってやってきたこととまったく違うことだったからです。

しかし不思議なことに、やり方を変えることによって、娘は少しずつ変わっていきました。

「突然、人が変わったように」というような変化ではなく、五月雨的に登校を再開したのです。

娘は、学校の予定表や時間割をこまめにチェックして、自分が「嫌だな」と思うような行事や授業があると、その日は、布団から出てきません。

しかし、わたしは、母親がやるべきこと、本気で母親が変わることを指導していただいたので、冷静に対応できるようになりました。以前のわたしなら焦ったり、動揺して、娘が休まず学校に行くよう、なだめたりしたでしょう。

想像だにしなかった、娘の言葉
「行きたい高校があるから塾に行きたい」

わたしの対応が変わってきたことで、娘は少しずつ、学校を休むことが減っていきました。

まずは一週間連続して登校できるようになり、一か月連続して登校……というふうにして徐々に連続登校の期間を延ばしていきました。

そんな中、ある日娘が、「高校受験のために塾に行きたいんだけど、いいかな？」と言いだしたのです。

不登校中、教科書は机の中にしまったまま、鉛筆さえ握らなかった娘。

人と接することを嫌っていた娘がです。

わたしはほんとうにビックリ、しばらく言葉が出てこなかったほどでした。

そして娘は私立高校を受験して合格。卒業式を迎えることができました。

娘が校長先生から名前を呼ばれ、卒業証書を受け取り、みんなと同じように壇上に立って卒業の歌を泣きながら歌っているのを見たときは、わたし自身も涙が止まらず、感謝の気持ちでいっぱいになりました。

復学支援を通して、わたしは親として子どもへの関わり方が間違っていたのだとわかりました。わが子を思うあまり、必要以上に関わり、過保護・過干渉になっていたのです。親は親としてどうするべきなのかを、先生方に教えてもらい、育てていただきました。

ほんとうに、ありがとうございました。

「親が変わると、子どもは変わる」って、ほんと？

母親のKさんが自分の間違いに気づき、本気で「親になろう」としたときから、娘さんが少しずつ変わっていった体験談を読んでいただきましたが、いま、みなさんはどんなことを感じているでしょうか。

「親が変わるだけで、ほんとうに子どもは学校に行くようになるのだろうか」と感じている方も中にはいらっしゃるかもしれません。

学校の先生や心療内科の先生からも、

「あの子が、こんなにも元気に明るく学校に行けるようになるなんて！

鈴木さん、あなたはいったい、何をしたんですか？」

と言われることも、しばしばあります。

実際のところ、どうなのかと言いますと、子どもさんへの指導をまったくしないわけではありません。

子どもとの距離（物質的な距離だけでなく心理的な距離）の取り方や、親御さんの考え方が変わり、「子どもは子ども、わたしはわたし」という対応ができるようになり、かつ親御さんからの依頼があれば、わたしどもが子どもさんに直接、登校に向けた現実的な指導を行うことがあります。

Kさんの娘さんの場合もそうでした。

娘さんは二学期が始まった（八月末）頃から登校するようになったのですが、それが〝五月雨登校〟だったため、Kさんから「娘に直接、お願いします」と言われ、会いに行ったのです。

ただ実際、娘さんに会って、わたしが指導したことといえば、

「今度、学校に行かなかったら、わたしがまたここへやってきて口うるさいことを言いますよ（笑）」

と言ったくらいでした。

ところが、わたしが帰ったあと、愉快な奇跡が起きたのです。

「今日は学校に行かないの？」はNGワード

Kさんの話によると、わたしが訪問してから数日後、娘さんは学校に行かず、家で一人で過ごしていたそうです。

このとき、Kさんはひと言も口出しをしませんでした。なぜなら、以前から、わたしに

……
主
さぁ
仕事、仕事

このようなことを言われていたからです。

「娘さんが学校に行かなくても、『今日は学校、行かないの？』とか、『学校に行かないとダメだよ』とか言っちゃダメですよ」

「親が子どもの顔色をうかがうようなことをしちゃいけませんよ。子どもは一家の主ではないのです。毅然として親の対応をしてください」

また、Kさんとわたしは毎日、連絡を取りあっており、日々の生活のことや困ったことが起きたときに、その場面、場面に応じた対応を相談できる体制が整っていました。

そのため、Kさんは娘さんのことを気にせずに安心して、仕事に出かけることができたのでした。

そして夕方、家に戻ってきたKさんに、娘さんはこんな話をしてきたのだそうです。

その日は朝から何度も玄関のチャイムが鳴ったり、電話のベルが鳴っていて、外を見ると大きな車が止まっている。
娘さんは怖くなって洗面所に息をひそめて隠れていたそうです。
なぜかというと、「鈴木先生がほんとうに小言を言いにやって来た！」と思ったから（笑）。

別の日も、学校を休んで家にいると、また玄関のチャイムが鳴ったので、また娘さんは「また来た‼」と思って隠れました。

学校を休むたびに、そのようなことが起こるので娘さんは「このままではマズい」と思い、継続的に登校するようになったそうです。

実は、チャイムを鳴らしたりしたのは、宅配便屋さんや裏のブドウ畑を消毒にきた業者さんでした。そう、娘さんのカン違いだったのです。

でも、そのカン違いが〝きっかけ〟で娘さんは、「このままではいけない、学校に行かな

また来た!!
ピンポーン
びくっ
さっ

きゃ」と考えました。

そして、休みの日が段々減っていき、最終的には、毎日、学校に行けるようになっていったのです。

「子どもとの距離」

子どもとの距離が適切かどうかは、子どもが教えてくれる

わたしどもの指導を初めて受けた親御さんが、よくおっしゃる言葉があります。

それは「目からウロコが落ちた」という言葉です。

「今まで自分がやってきたこととまったく違う」という言葉も、よくいただきます。

親御さんたちが、いちばん最初に「目からウロコ」の衝撃を受けるのは、わたしのこの言葉です。

「子どものために何かをしてあげようとしないでください。

親御さんは自分のことをやっていればいいんです」

「お母さんが子どもにしてあげられることは、ごはんを作ってあげること、洗濯してあげること、それだけです。あとは、本人が自分で考えて、やるべきことをやりますから」

「子どもが朝、起きられなくても起こさないでください。

子どもに手出し、口出しすることは、やめてください」

わたしが言う「親になる」ファーストステップはここです。

最初は戸惑う親御さん、半信半疑の親御さんもたくさんいらっしゃいます。

けれど、この階段を一段上がっただけで、子どもは変わってきます。すると親御さんは、

「あぁ、なるほど」と思う。

「以前はこれと逆のことをしていたから、子どもはこうなったんだ。ここを改善すれば、わたしが変われば、ちゃんと結果が出るんだ」

〝出口〟を見失っていたときと違って、自信を持って前に進んでいけるようになる。そういう親御さんを、わたしはたくさん見てきました。

この後に登場するお母さん、Ｉさん（群馬県）もその一人です。

*

気づかないうちに過保護過干渉

わたしとＩさんとの出会いはメールからはじまりました。

はじめまして。

ご相談させていただきたいのは長男で、昨年十一月半ばより不登校となりました。

二〇一六年より一年半、主人の海外赴任のため家族で海外に滞在しておりました（現地では、二歳年上の姉と一緒に日本人の子どもたちが通う学校に通っておりました）。

二〇一七年十一月五日に帰国後、地元の公立中学校に通いはじめましたが、

・編入したクラスの担任の先生が突然キレたり、暴言を吐くこと
・友人がなかなかできなかったこと
・勉強がわからなくなってきたこと

などがきっかけで登校できなくなりました（海外赴任前に住んでいた家に戻ってきたので、知っている子も多く、お友だちのことも心配していなかったのですが……）。

それでも、年が明けた三学期より別室登校をはじめ、なんとか学校には行っておりましたが、三月の二週目よりまた登校できなくなりました。

最初に不登校になった当初は、家ではふつうに過ごしておりました。

朝、起きて、昼間好きなことをし、手伝いや本を読み、少しだけワークなどの勉強をし、ごはんを食べ、お風呂に入り、歯を磨いて夜十時に寝る、というサイクルです。

三月に再び不登校になった後は、部屋からあまり出てこなくなりました。

食事も自分の部屋に持っていき、一人で食べています。
○○を作ることが好きなので、○○を月々のおこづかいで買って、それらを自室でつくっています。
ゲームは、やはりオンラインゲームが大好きなので、午後二時間くらいやっています。

昼夜は逆転しておりません。もともと口数の少ない子でしたが、さらに話さなくなり、笑うことも少なくなってしまいました。（略）

ただ、やはり家族の力だけでは息子の背中を押してあげることは難しいと思いました。

息子の貴重な時間をできるだけよいタイミングで、外の世界に戻してあげたいのです。

そのために、お力をお借りできたらと思います。


ここまで、子どもの様子を気にかけていらっしゃるIさんのメールから、わたしは深い愛情を感じました。

しかし、わたしどもの指導を受け、お子さんが再登校できたとき、以前のご自分を振り返ってIさんはこうおっしゃいました。

「今、思い返しても非常にうるさい母親だったと思います」

「子どものことが気にならなくなる」ことが目標

わたしたちにお問い合わせのメールが届いたとき、Iさんはすでに本やインターネットで不登校に関するさまざまな情報を得ていました。

わが子を否定せず、本人の気持ちを理解すること。子どもはこれから自分で自分の人生を切り開いていかなくてはならないこと、親はそれを見守ることｅｔｃ、ちゃんと勉強をされていたのです。

そんなIさんが、わたしどもの指導を受けたときに、

「十三年間、自分がよかれと思ってやってきたこと、ほとんどすべてが、息子のためになっていなかったことに驚愕しました」

と言いました。

自分が口うるさい母親だと、初めて気づいたのです。

わが子に失敗させたくないあまり、先回りの声がけばかりしているなんて、ご本人はまったく知らなかったようですが、しかし、最初の面談のときからずっと、Iさんはわたしにこんなことを言っていました。

「うちの子、ゲームばっかりしているんです」

「勉強しなさい、と言っても、ゲームをやめないんです」

親が子どもに「あーしなさい」「こーしなさい」と、口酸っぱく言ったところで、どうにかなるようなことではありません。言うだけムダなのです。

そのことを、Iさんはよくわかっているのですが、「でも、気になってしょうがないんです」とおっしゃいます。

そこで、わたしはIさんにこんなアドバイスをしました。

「自分がやりたいことを見つけて、それに没頭してみるといいですよ」と。

気になる
わい
わい
気に
なる
気になる
わいわい

子どものことが気になってしょうがないのは、自分の視界に、子どもの姿が入っているからです。

「子どもの姿が見える」→「気になる」→「言いたくない小言も、ついポロっと出てしまう」→「ますます気になる」→「また小言を言ってしまう」

という悪循環にはまってしまい、やめられないのです。

この悪循環を断つには、親御さんが趣味に没頭したり、自分自身のことに一生懸命になればいいのです。そうすれば、子どものことが気にならなくなる。

Iさんは趣味を見つけて、それに没頭するよう心がけました。

そして、息子さんと物理的にも、心理的にも、ほどよい距離を保てるようになったとき、つまり息子さんのことがあまり気にならなくなったときに、息子さんは「学校に行きたい」という、自分の本心に気づきました。

そして、自分の意思で「学校に行こう」と決めたそうです。

再登校した日のことについて、Ｉさんはメールで次のように報告してくれました。

＊

再登校日の朝、息子は、いつもよりだいぶ早く起きて、自分で準備をはじめていました。スタッフさんと一緒に朝食を食べ、家を出る時間（自分で決めました）まで数学の予習らしきことも、スタッフさんと一緒にしていました。

これはあとで、スタッフさんに聞いたのですが、息子が自分から、

「ここがわからないから教えてください」

と、頼んできたということでした。

「学校に行きなさい」や「勉強しなさい」等々はいっさい言っていないのに、自分で「学校に行く」と決め、みずから「わからないから教えてください」と教えを乞う息子を見て、わたしはいままで息子を否定ばかりしていて、息子の本来の姿を見ようとしていなかった

あーしなさい
こーしなさい
見てない!!
本来の
すがた

のだなぁと、あらためて気づかされました。

親が口出ししなければ、子どもは自分で目標を立て、自分でやる

継続的に登校して一か月、Iさんからこんなメールが届きました。

＊

九月、十月は三連休が三回あり、連休明けが心配でしたが、今日まで一日も休まず登校しております。

毎朝六時半に自分でちゃんと起きてきて、七時二十五分きっかりに登校していきます。

部活は入らない選択もできる学校（公立）ですので、放課後はすぐに帰宅してきて、真っ先に大好きなオンラインゲームをしてから、宿題などしています。

以前のわたしでしたら、

「宿題、おわってからゲームしてね」

「いつまでもゲームしてないで、そろそろ勉強しなさい」

などと言っていたと思いますが、いまは親が何も言わなくても自分で時間のコントロールができています。

ご指導前のように何時間もゲームに没頭することもなくなりました。

十月半ばには、校内合唱祭がありました。

ステージの上でリズムをとりながら、大きな口を開けて歌っていました。

また担任の先生には、

「授業中は積極的に発言しているようですし、クラスメートともうまくやっています」

と言っていただきました。

同級生と笑いながら学校で過ごせている、そんな息子の日常の姿をまた垣間見ることができて、ほんとうにうれしいです。(略)

また、期末試験前には、自分で目標を決め、机に向かっておりました。

それでも週末は、やはり大好きなオンラインゲームをする時間が平日よりも長いのですが、朝も昼も夜も、という状態ではありません。時間のやりくりは、いまはすべて本人にまかせております。

また、以前は、よくゲームをしながら、うまくいかないと画面に向かって大声などを出し、キレたりしていたのですが、いまはもう、そんなことはありません。

このあたりの息子の変化にも、わたしはとても驚いております。

終業式にもらってきたクラス通信では、項目別のクラスMVPに複数選ばれており、「勉強はイマイチだから、こういうところでがんばらないとね」と、照れくさそうに笑いながら報告してきました。

去年の今頃は、不登校になったばかり、笑顔も無くなった息子とは、会話もほとんどなく、この先、どうしたらよいのか、途方に暮れておりました。

二〇一八年が明けて、不登校についてネットでいろいろ調べていくうちに知った、こちらのブログに出会えなければご指導を受けることもなく、今日という日を迎えることはできず、息子の笑顔も見ることができなかったと思います。

復学指導を通して知った子どもとの正しい関わり方。

これはほんとうに、わたしの宝物となりました。

Ｉさんは、わたしどもの支援をご卒業されました。

過保護・過干渉の親に逆戻りしないよう、Ｉさんは、わが子の力を心から信じ、日々を過ごしていらっしゃいます。

結

かくして、子どもは
自立、成長した

子どもがイキイキ変化した〝きっかけ〟は…

姉弟二人とも不登校に!!

この章では、親御さんが変わることによって、「子どもにどのような変化が起きてくるのか」というテーマでお話したいと思います。

まずは、姉弟二人が不登校となり悩んでいたお母さんのSさん（埼玉県）の書いた体験談をご紹介させていただきます。

お姉ちゃんは中学一年生の六月の終わり頃から、週二日程度、学校を休むようになりました。

夏休みが明け、始業式に出席した後、連続して一週間程度休んだため、学校と相談し、別室登校をしていたのですが、それも行き渋るようになり、十月二日を最後に学校を休んでいるとのこと。

弟さん（当時、小学四年生）のほうも、お姉ちゃんと同じ時期に「学校に行きたくない」と言いだし、週二日程度、休むようになりました。

二学期の始業式には出席しましたが、その後「行きたくない」との意思が強くなり、九月十五日を最後に学校に行かなくなってしまいました。

そして、姉弟二人とも家で動画を見たり、ゲームをしたりして過ごしているとのことでした。

Sさんは、二人の子どもが不登校を始めた頃のことについて、次のように書いています。

子どもが学校を休みだした頃、わたし自身が仕事のストレスから体調を崩しがちで、子どもたちに気を配る余裕を無くしておりました。

学校を休みがちになったときも、さほど気に留めていませんでした。

＊

夏休みに入り、家族旅行にも行き、二学期からは問題なく行けるだろうと思っていましたが、それに反して、子どもたちはますます学校に行きたがらなくなってしまいました。

最初は主人も、わたしも、無理やりにでも学校に行かせようとしましたが、上の子はかたくなに布団から出ず、下の子は玄関で泣きながらいやがる。

そんな、子どもたちの姿を見て、「これは大変なことになった」と、やっと気がつきました。

スクールカウンセラーの先生に相談したところ、

「無理に学校に行かせるのではなく、本人の意思に任せてください」

とのことだったので、それからは無理に学校に行かせるようなことは控えておりました。

とはいえ、焦りから「適応指導教室」に通ったり、フリースクールについて調べてみたりしました。しかし、なかなか、子どもたちに合う場所が見つけられませんでした。

姉弟そろって不登校になった、ということは、学校に問題があるのではなく、家庭に問題があるのだろうとは思っておりましたが、具体的に何がいけないのかがわからず、思い悩んでいたところ、「GO TODAY」さんにたどりつきました。

「親が変われば子どもは変わる」

この言葉を見て、「ここしかない」と直感で思いました。

ご指導を受ける前は、自分では過保護、過干渉のつもりはなく、どちらかと言えば、ネグレクトに近いと思っていたのですが、ご指導を受けてみて、かなりの過保護、過干渉をしていたのだと痛感いたしました。

不登校になる以前は、宿題をやっていないと「早くやりなさい」とか、「どうして前もってやらないの」などと、イライラしながら言うこともありました。

その反面、子どもたちが話しかけてきても面倒に思い、うわの空で話を聞いていない、ということも多々ありました。

いつしか、子どもたちはわたしの機嫌をうかがうようになっていました。

自分で考えて行動するのではなく、何でも、わたしの承認を得てから動く。

そういう習慣が身に付いてしまったのです。

親が体を張って、子どもを守らなくてはならないとき

Sさんに対して、わたしがアドバイスしたこと、一つ目は、

「娘さんに、泣き寝入りさせないでください」

ということでした。

どういうことなのかというと、その後の面談で、娘さんが学校に行かなくなった〝きっ

ママー
ママー
はい
はい
面倒だなぁ…

かけ〟の一つに、いじめがあった、ということがわかったのです。
当初、担任の先生に相談したのですが、その先生は教育者としての対応をしてくれませんでした。
Sさんは、「先生って、そういうものなのか」と思い、それ以上、抗議しなかったとのことでした。

わたしはSさんのお話を聞きながら、「教室でいじめが起きているのに、担任が何も対応しないなんて!!」と思ってしまいました。
カウンセラーは冷静に、客観的であらねばならないことは理解しているのですが、このときは自分がカウンセラーであることを忘れ、わが子がむげにされたかのような気がして、こういうふうに言ってしまいました。

「お母さん、学校に殴りこんできてください!!」と。

わたしの中では、教室内でわが子がいじめられている、それなのに担任が何の対応もしないのであれば、親が学校に抗議をするのは「当たり前」です。

でも、いまの社会は、波風を立てないようにしようとする人が増えている、そういうふうに、わたしが感じるのは、ただの気のせいでしょうか。


いずれにせよ、波風が立とうが立つまいが、人としてやってはならないことに対して「ノー」と声をあげることが大切だと思います。

そうすることによって、問題が解決したり、よりよい明日が訪れるのですから。


Sさんの場合も、学校にもの申して、正解でした。学年主任の先生がお母さんの抗議を真摯に受け止め、学校の体質改善が図られたのです。


ただし、親が子どもにしてあげられることには限りがあります。

親御さんは、それまでわが子に降り注いできたエネルギーを、今度は自分自身が変わることに振り分けなくてはなりません。

そして、子どもは、自ら考えて行動し、試練を乗り越えていかなくてはならないのです。

子どもは自分で考え、行動し、成長していく

わたしは、わが子の不登校を克服した経験と、カウンセラーとして支援させていただいた経験から、次の三つを〝不登校克服の基本〟としています。

①親からの発信をしない、子どもからの発信を待つ
②「親の問題」と「子どもの問題」を分けて考える
③子どもの話を途中でさえぎらず、耳を傾ける

もちろん、Sさんにも①～③を実践していただきました。
その結果、お母さんの承認を得てから動くのが習慣だった子どもたちは、どのように変わったのでしょうか。

次に紹介させていただいているのは、Sさんが書いた、お子さんたちの記録です。再登校日当日の様子、再登校から一か月経った頃の様子をメールで報告してくださいました。

不登校克服の基本
むぐぐ…
発信を待つ
問題を分ける
パカッ
親
子
耳を傾ける
もんだい
親子
問題

*

【二人のお子さんが再登校した日のメール】

先生のご指導のもと、親発信はしない、過保護にしない、子どもが話しかけてきたら、きちんと聞いてあげる、などの対応に変えていったところ、子どもたちは「自分で考え、自分で決断し、自分で行動する」ようになっていました。

再登校日当日も、子どもたちは私に聞いてくる場面がありましたが、スタッフさんに手伝ってもらいながら、自分たちで支度をし、元気に登校していきました。

親として、まだまだ勉強が足りず、間違った対応をしてしまうこともありますが、これからも先生のご指導のもと、

「親が変われば、子どもは変わる」

という言葉を胸に、努力していこうと思います。

【再登校一か月後のメール】

再登校後、一か月が経ちました。

娘（姉）が再登校した翌日に学校を休んだり、息子（弟）は翌週に「大事なプリントを無くした」と言って家を出なかったりと、いろいろありました。

しかし、先生のご指導により、その後は終業式まで問題なく登校することができました。

昨年のこの時期は、すでに行き渋りが始まっていたため、わたしは、夏休みくらいは楽しく過ごさせようと、あれこれ考えていたように思います。

それとは裏腹に、夏休みの宿題については、「早くやりなさい」などと口うるさく言っておりました。

今年は、夏休みをどう過ごすか、宿題をいつやるか（あるいは、やらないか）は、子どもたちが自分で決めることだと思い、口出しせずに見守っています（修業中であるため、手出し、口出しをしたくなるときもありますが……）。

夏休みに入り、娘は毎日、休まずに部活に参加。来週は、お友だちとコンサートに行くようです。

息子のほうは、お友だちと遊んだり、映画を観に行ったりしています。

また、夏休みの宿題は、夜九時からリビングで姉弟で並んでしています。

その時間にすると、二人で決めたようです。

わたしは「昼間にすればいいのに」と思いながらも、姉弟二人でおしゃべりしながら宿題をしている姿を見て、大げさかもしれませんが、しあわせだと思います。

親が余計な口出しをしなければ、子どもは自分で考え、自分で行動するのだなと、あらためて感じています。

＊

再登校日当日、子どもたちがお母さんの承認を求める場面がありましたが、一か月後には、着実に成長している子どもたちの様子が見てとれます。

そして四か月後のメールでは、母親であるSさんもビックリするような変化が、子どもたちに起きてきたのです。

〝人見知り〟だった娘が‼ 〝お姉ちゃん子〟だった息子が‼

再登校後、四か月が経ちました。

この一か月、二人とも学校を休むことなく、毎日元気に登校しております。ほんとうにありがとうございます。

ささいなことでも親身になって話を聞いてくださり、ほんとうにありがたく思っております。

よし
動こう!
ぽんっ
自立

近況といたしましては、娘は昨年、参加できなかった合唱祭に参加することができました。

クラスが最優秀賞を取ったとのことで、うれしそうに報告してきました。

また先日は好きなアーティストのコンサートグッズを買いに行きました。一人で長時間並び、その場で知り合った方とグッズの交換をしたそうです。

わたしは娘を人見知りだとばかり思っていたので、びっくりしました。

以前はわたしが一緒に行っていたので、このような機会もなかったのだと思います。

子どもを信じて、一人でやらせてあげることが自立につながるのだなあと、あらためて思いました。

息子のほうは、お友だちの輪が広がり、毎日、何人かのお友だちがわが家へ遊びに来ています。

複数のお友だちが来ると、たまに言い争いになったりするのですが、そんなときは誰かが仲裁に入ったり、落ち着くまで少し距離を置いたりして、ケンカにならないよう、子どもたちなりに考えてやっています。

息子が言い争いの当事者になって、お友だちからなだめられたり、逆に息子がお友だちに冗談を言って気分を落ち着かせていることもあります。

そうやって、人間関係を学んでいくのだなと、ありがたく思っています。

また息子は学校では、表情が明るくなり、自分で手をあげて発表することができたと、担任の先生から教えていただきました。

以前は、手をあげて発表することは、ほとんどなかったのですが、苦手なこともがんばっているようです。

二人がこのように成長できているのが本当に、うれしく、ありがたく思っています。

わたしも親として少しずつ成長できたらと思います。

自立
一人
信じてみる…

「三つの習慣」で、なぜ、子どもが変わるのか

親に信頼され任されているという実感から、子どもの中で〝自信〟が芽生える

親が変わる、すなわち、三つの習慣――①親からの発信をしない、子どもからの発信を待つ、②「親の問題」と「子どもの問題」を分けて考える、③子どもの話を途中でさえぎらず、耳を傾ける――を身に付けることによって、子どもが自分で考えて行動するようになるのは、どうしてなのでしょうか。

その理由について、わたしたちは、こう考えています。
「三つの習慣」は、子どもの自信や自立心を育むのではないかと。

習慣①「親からの発信をしない、子どもからの発信を待つ」とは、親御さんが子どもを心配したり、失敗させないようにするのをやめ、子どもを信頼して「子ども自身のことは本人に任せよう」と考え見守る、ということです。

親からの発信をやめるには、習慣②「『親の問題』と『子どもの問題』を分けて考える」ことが重要です。

これはどういうことかというと、

・宿題をやる、やらない
・お風呂に入る、入らない
・ごはんを食べる、食べない
・忘れ物をしないようにする

こういったことは「子どもの問題」であって、「親の問題」ではないと考えます。「子どもの問題」に、親は手出し口出しをしない、という考え方です。

それは決して、子どもを放置することではありません。

子どもからアドバイスを求められたら、そのときはアドバイスをします。

ただし、子どものほうから悩みを話してきたり、不満に思っていることを言ってきたとき、親御さんとしてはよかれと思って、最後の最後に、

「でも、○○したほうがいいんじゃない？」

「○○だから、気にしなくて大丈夫」

と言ってしまうと、子どもは「話をちゃんと聞いてくれない‼」「親に話をしても無駄だ」となってしまうこともあります。

だから、習慣③「子どもの話は、途中で遮らず、耳を傾ける」のです。

そして、子どもから求められていないのに、親が先々のことをアドバイスをしたり、あれこれ心配なことが思い浮かび、先回りして何でもやってしまう「親発信」をやめれば、

子どもは自分で考える時間を持てるようになり、さらには、子どもの中で自信や自立心が芽生えてきます。

その結果、子どもは自分で考え行動できるようになってくるのです。

〝経験〟から学び、成長する

「子どもからの発信を待つ」ことは、子どもの自信や自立心を育むために「考える時間」を子どもに与える、ということですが、ただ漠然と「子どもからの発信を待っていればいい」というわけでは、ありません。

人が嫌がることを言ったり、やったり、あるいは社会のルールに反すること、法律に触れるようなことは「やってはいけない」と教えていかなくてはならない時期も、当然あるわけです。

しかし、親に言われなくても、子どもがわかっていることがあるのです。

「宿題やったの？」

「部屋を片づけなさい」

「朝だよ」

「急がないと、間に合わないよ」

などといったことがそうです。


そういう、わかりきったことを言われたら、子どもはどうなるでしょう？

読者のみなさんも、自分の子どもの頃のことを思い出してみてください。

「もう、うるさいなあ、いま、やろうと思ったのに。

お母さんがそういうふうに言うから、やる気がなくなった」

こんなことを、かつて、自分の親に言った思い出がないでしょうか。

みなさんのお子さんも同じことを思っているかもしれませんね。


「いや、うちの子は違います。わたしが先回りして声がけしていかないと、うちの子はダメなんです」

「朝、私が起こさないと、学校に遅刻してしまいます」

などとおっしゃる親御さんたちにも、たくさん、わたしは出会いました。


しかし、人間は、経験から学ぶ動物です。

親御さんが朝、起こさなかったために子どもが遅刻して学校の先生に叱られれば、そのとき、子ども自身が、これから自分はどうすればいいのかをちゃんと考えて行動するようになり、成長するのです。

このような成長する力が、わたしたち人間には備わっています。

みなさんのお子さんにも、その力は備わっています。

わたしは、それを信じて、十五年以上、復学支援にたずさわってきました。

そして、わたしが関わった子どもたちは一〇〇%復学しています。

何を言いたいのかというと、

「もっと、自分の子どもを信じてあげてください」

わたしはそう言いたいのです。


親に心配されてばかりいる子どもは、自分を信じることができません。

なぜなら、親が子どものことを信じてあげないからです。

もっと、ご自分の子どもを信じてあげてください。


わたしたちは、いくつもの失敗や間違いを経験しながら、自立することを覚えたり、助け合うことを覚えたり、どうすれば自分も周りの人たちも幸せでいられるのかを考えたり、さまざまなことを学んできました。

それなのに、わが子に対しては、失敗を過度に恐れ、「あれ、やっちゃダメよ」「これもダメよ」と、子どもを縛ろうとするのはなぜなのでしょう。


それよりも、子どもを信じてあげてください。

見返りを求めず、親に信じられた子どもは、自分自身を信じるようになり、依存から自立へと、前進していきます。

依存から…
自立へ

子どもが信頼する親とは

そもそも、学校は社会の縮図です。子どもにとって、すべてが自分の意のままになる場所ではありません。

ときには嫌なことや緊張すること、苦手なことにも取り組まなくてはならないときもあります。

教室には、ウマが合う人、そうでない人、いろんな人がいます。たとえ仲のいい友だちであっても、意見が食い違ったり、ケンカをすることもあります。

しかし、そういうさまざまな人、さまざまな出来事を通して、子どもは成長していきます。失敗や試練を乗り越えるたびに子どもは何かを学び、人生を切り開いていく力を身に付けていくのです。

ただし、「学校に行くか行かないか」を決めるのは、子ども自身です。

どんなに言葉を尽くして子どもを説得しても、子どもが「行こう」と思わなければ、それは親の独りよがりになりかねません。

それよりも、まず信頼関係を築くことを優先することが大切ではないでしょうか。

わたしは十五年復学支援にたずさわり、いろんな家庭を訪問させていただきました。その中で感じたことがあります。

それは、親御さんが子どもに好かれていることと、信頼されていることは、必ずしもイコールではない、ということです。


子どもと親御さんが友だちのような関係、親御さんが子どもの言いなりになっていて、信頼関係がないこともあります。

逆に、親御さんが子どもに厳しく、「子どもは子ども、親は親」というふうに線引きされつつも、親御さんと子どもが〝信頼の絆〟でつながっている家庭もあるのです。

では、子どもに信頼されるには、どうすればよいのでしょうか。

わたしは、子どもの話を最後まで聞くことが大切だと考えています。

子どもが自分と違う意見を言ってきても、途中でさえぎったり、自分の意見を主張した

同じじゃない…
ママがすきー
信じてるー

りせず、子どもが話し終わるまでちゃんと耳を傾けること。

そうすることによって、子どもは「自分は受け入れられた」と感じ、親を信頼するようになるのです。

ほかの家庭では、その対応が正解でも、わが子に正解とは限らない

子どもの不登校に関する本を読んだりしていると、よく「不登校をしている子どもたちには、共通する特徴がいくつか見られる」という話が出てきます。

確かに、わたしが関わっている子どもたちを見ていても、

・繊細
・心配しなくていいことまで心配する
・先々のことを読む
・他人の、何気ないふるまい一つひとつに反応する

といった共通点が見られます。

しかし、それと同時に、子どもたちは一人ひとり個性を持っています。

一人ひとり、顔も違えば、性格も異なります。

そのため、ほかの家庭と同じような子育てをしていても、子どもの反応は一様ではありません。微妙に全員、違うのです。

たとえば、発明王エジソンの母親（元教師）は、エジソンが入学して三か月で放校処分になったとき、学校の対応に納得がいかず、学校側に「うちの子は、こちらの学校に通わ

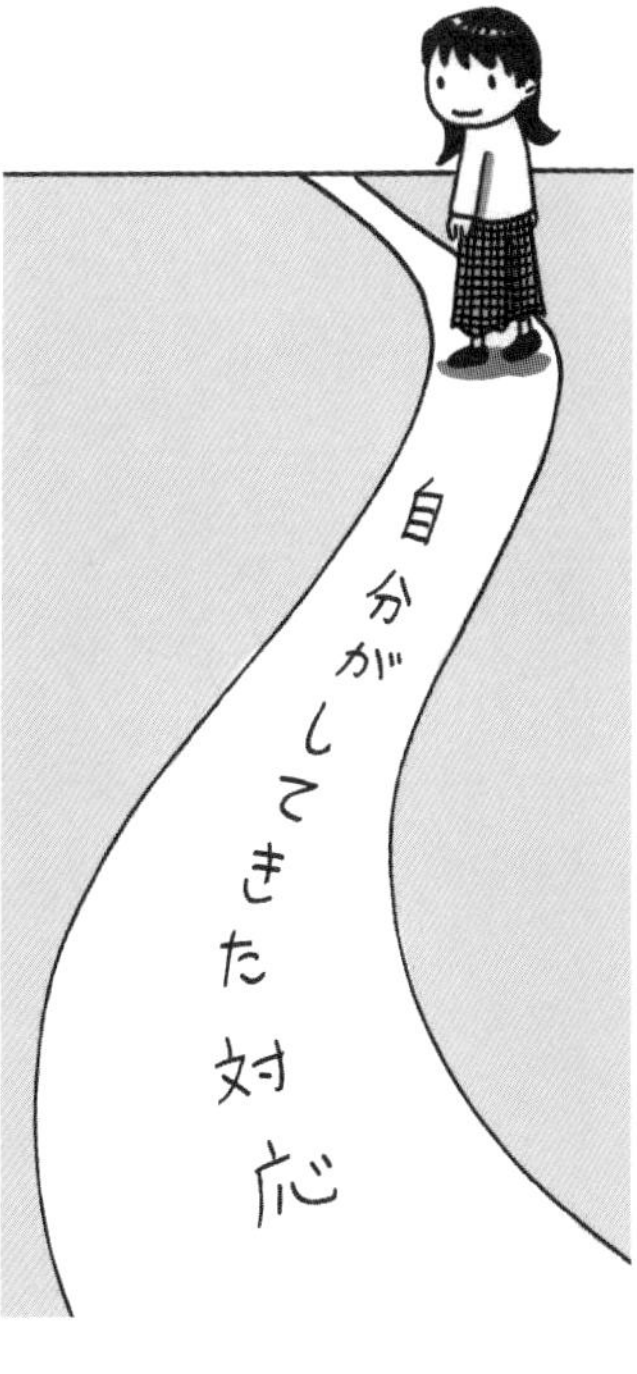

せません」というようなことを言って、自分がエジソンの教師役を務めた、というエピソードが伝えられています。

わたしがエジソンの母親と同じようなことをしても、子どもはエジソンのような発明王にはなりません。

なぜなら、うちの子はうちの子、エジソンはエジソン、それぞれ異なる個性を持っているからです。

ですから、わたしはこう思うのです。子どもが不登校をしている、していないにかかわらず、子育てにおいて重要なことは、一人ひとりの個性に合った対応をしていくことではないか、と。

いま、この本を読んでくださっている親御さんの中には、

「よそのお宅でもやっている子育てを、わたしはやってきたのに、なぜ、うちの子は不登校になってしまったんだろう」

ということを考えたことがある方が、もしかしたら、いらっしゃるかもしれません。

しかし、よその家庭でうまくいったことは、わが子には合わなかった、ただそれだけな

対応をふりかえってみる
この子に
合ってたかな？
ちらっ

のです。

それよりも、「いままで自分がしてきた対応は、この子に合っているのかどうなのか」という目で、自分自身をふりかえってみてください。

そのときは、自分一人でやろうと気負わないことです。

信頼できる第三者の力を借りることも検討してみてください。


子どもが不登校を克服するまで、親は葛藤の連続です。子どもの日々の変化に一喜一憂したり、親になりきれない自分が嫌になることもあるでしょう。

そして、周囲の偏見とも戦わなくてはなりません。

「不登校」という山は、お母さんが一人で乗り越えられるような山ではないのです。

この山の頂上はどこにあるのか、どう登ればいいのかは、同じ山を登った者でないとわからない。

決してあきらめないでください。

今、ご自分がいる部屋のドアを開け、〝一歩〟踏み出してみてください。

あなたは一人ではありません。

おわりに

さまざまなケースの体験談をご紹介しました。

不登校を克服された方のすべてに共通することは、親の子育てに関する考え方、子どもとの接し方、言動が以前と変わった、ということをご理解いただけたと思います。

五十〜六十年前の家庭では、日々の生活に追われ、子育てに手をかける余裕もなかったという話をよく耳にすることがあります。

昭和、平成、令和と、時代的背景に違いはありますが、最近では親子関係において、なかなか親離れ、子離れができないご家庭が多いようです。

親は、わが子を理想の子どもに育てようとして手を出し、口を出す。

失敗をさせないことで、子どもを守っているつもり、でも、これでは逆に、子どものほうは〝指示待ち族〟になり、親がいなければ何もできない人間になっていきますよ。

少し、子どものことは子どもに任せて、見守ってあげませんか？

「子どもは親の鏡」という言葉があります。

子は親を映す鏡と言われ、子どものふるまいを見れば、親の考え方や品性のほどをうかがい知ることができることを意味しているとされています。

わたしたちは子どもの自立と協調性を育む子育てを目標に、「自分が変わりたい」と希望されるお母さまがたにご指導させていただいております。

子どもの可能性を引き出すために、また親が親らしくなるために、どうしたらいいのか。

やはり親が変わるしかありません。

子どもを信頼し、時には口を出したくても忍耐し、子どもは友だちやご近所さん、学校の先生など、子どもを取り巻く社会に育ててもらうつもりで見守っていれば、頼もしく育っ

ていきます。

親は子どもを心配して見ていなくても大丈夫です。

お母さん、安心してください。

わたしたちは、あなたのことを応援しています。

二〇二〇年十一月　吉日

復学支援カウンセラー　鈴木あや

著者略歴

鈴木　あや　(すずき　あや)
小学３年生の息子が不登校になり、それをきっかけに、復学カウンセラーとなる。それから15年以上、北海道から沖縄まで全国飛び回り、子どもの不登校で悩むお母さんたちに伴走しながら、復学支援の活動に従事している。

ある日、うちの子が学校に行かなくなったら

2020年12月12日　初版発行

著　書―― 鈴木あや
発行者―― 小崎奈央子
発行所―― 株式会社けやき出版
〒190-0023　東京都立川市柴崎町3-9-6　高野ビル１階
TEL 042-525-9909／FAX 042-524-7736
https://keyaki-s.co.jp
装　丁―― 前田奈津子
挿　画―― かぶらぎみなこ
編　集―― 道井さゆり・平田美保
印　刷―― 株式会社サンニチ印刷

ISBN978-4-87751-606-2　C0037